ABÉCÉDAIRE

HAÏTIEN,

A L'USAGE DE LA JEUNESSE,

SUIVI

DU'N PRÉCIS

historique, chronologique et géographique

sur l'Ile d'Haïti.

PARIS,

IMPRIMERIE DE STAHL, QUAI NAPOLÉON, 33.

1842.

Au nom du Père,

et du St-Esprit, 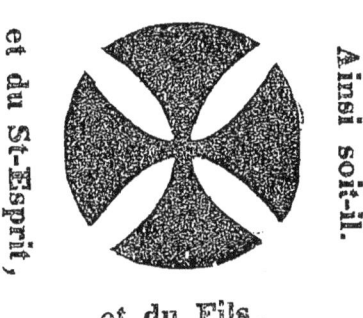 Ainsi soit-il.

et du Fils,

A B C D E F
G H I J K L M
N O P Q R S
T U V X Y Z.

Minuscules.

a b c d e f g
h i j k l m n
o p q r s t u
v x y z.

Minuscules Romaines.

a b c d e f g h i j k l m n o
p q r s t u v x y z

Majuscules Italiques.

A B C D E F G H I J K L M
N O P Q R S T U V X Y Z.

Minuscules italiques.
a b c d e f g h i j k l m n o p q r s t u v x y z.

Lettres doubles.
ff fi ffi fl ffl æ œ w.

Il y a dix-neuf Consonnes.
b c d f g h j k l m n p q r s t v x z.

Il y a six Voyelles simples.
a e i o u y.

Voyelles composées.
æ œ ie au eu ou eau.

Voyelles nasales.
an on en em am om aim.

*Voyelles diphtongues
et triphtongues.*

ai, aiu, ieu, iu, iou, oi, oy, oui.

Les voyelles accentuées sont

Aigue . . . . é
Graves . . . . à è ì ò ù
Circonflexes . . . . â ê î ô û
Tréma . . . . ä ë ï ö ü

Ponctuations.

. , ; : ! ?

Apostrophe ' *Trait d'union* -
Interlocutif — *Guillemet* »
Parenthèse ( ) *Paragraphe* §
Astérique * *Crochets* [ ]

Chiffres.

1, 2, 3, 4, 5, 6, 7, 8, 9, 0.

SYLLABES.

ba	be	bi	bo	bu
ca	ce	ci	co	cu
da	de	di	do	du
fa	fe	fi	fo	fu
ga	ge	gi	go	gu
ha	he	hi	ho	hu
ja	je	ji	jo	ju
ka	ke	ki	ko	ku
la	le	li	lo	lu
ma	me	mi	mo	mu
na	ne	ni	no	nu
pa	pe	pi	po	pu
qua	que	qui	quo	quu
ra	re	ri	ro	ru
sa	se	si	so	su
ta	te	ti	to	tu
va	ve	vi	vo	vu
xa	xe	xi	xo	xu
ya	ye	yi	yo	yu
za	ze	zi	zo	zu

Sons formés d'une Voyelle et d'une Consonne.

ab	eb	ib	ob	ub
ac	ec	ic	oc	uc
ad	ed	id	od	ud
af	ef	if	of	uf
ag	eg	ig	og	ug
ah	eh	ih	oh	uh
al	el	il	ol	ul
am	em	im	om	um
an	en	in	on	un
ap	ep	ip	op	up
ar	er	ir	or	ur
as	es	is	os	us
at	et	it	ot	ut
av	ev	iv	ov	uv
ax	ex	ix	ox	ux
az	ez	iz	oz	ux

Syllabes de trois lettres.

bla	ble	bli	blo	blu
bra	bre	bri	bro	bru
cha	che	chi	cho	chu

cla	cle	cli	clo	clu
cra	cre	cri	cro	cru
dra	dre	dri	dro	dru
fla	fle	fli	flo	flu
fra	fre	fri	fro	fru
gla	gle	gli	glo	glu
gra	gre	gri	gro	gru
pha	phe	phi	pho	phu
pla	ple	pli	plo	plu
pra	pre	pri	pro	pru
qua	que	qui	quo	quu
rha	rhe	rhi	rho	rhu
sça	sçe	sçi	sço	sçu
sca	sce	sci	sco	scu
spa	spe	spi	spo	spu
sta	ste	sti	sto	stu
tha	the	thi	tho	thu
tra	tre	tri	tro	tru
vra	vre	vri	vro	vru

PRIÈRES.

L'Oraison Dominicale.

No-tre Pè-re, qui ê-tes aux ci-eux, que vo-tre nom soit sanc-ti-fié, que vo-tre rè-gne ar-ri-ve; que vo-tre vo-lon-té soit fai-te sur la ter-re com-me dans le Ci-el; don-nez-nous au-jour-d'hui no-tre pain quo-ti-di-en, par-don-nez-nous nos of-fen-ses com-me nous les par-don-nons à ceux qui nous ont of-fen-sés, et ne nous lais-sez pas suc-com-ber à la ten-ta-ti-on, mais, Sei-gneur, dé-li-vrez-nous du mal.
Ain-si soit-il.

La Salutation Angélique.

Je vous sa-lue, Ma-rie, plei-ne de grâ-ce, le Sei-gneur est a-vec vous; vous ê-tes bé-nie en-tre tou-tes les fem-mes, et Jé-sus, le fruit de vos en-trail-les, est bé-ni.

Sain-te Ma-rie, mè-re de Dieu, pri-ez pour nous, pau-vres pé-cheurs, main-te-nant et à l'heu-re de no-tre mort. *Ain-si soit-il.*

Le Symbole des Apôtres.

Je crois en Di-eu, le pè-re Tout-Puis-sant, Cré-a-teur du Ci-el et de la Ter-re, et en Jé-sus-Christ, son Fils u-ni-que, no-tre Sei-gneur, qui a é-té con-çu du Saint-Es-prit, est né de la Vi-er-ge Ma-rie, a souf-fert sous Pon-ce Pi-la-te, a é-té cru-ci-fi-é; est mort, a é-té en-se-ve-li; est des-cen-du aux en-fers, est res-sus-ci-té, d'en-tre les morts, le troi-si-è-me jour ; est mon-té aux Ci-eux, est as-sis à la droi-te de Di-eu, le Pè-re Tout-Puis-sant, d'où il vien-dra ju-ger les vi-vants et les morts.

Je crois au Saint-Es-prit, à la Sain-te É-gli-se Ca-tho-li-que, à la com-mu-ni-on des Saints, à la ré-mis-si-on des pé-chés, à la ré-sur-rec-ti-on de la chair, et à la vie é-ter-nel-le.

Ain-si soit-il.

Le Confiteor.

Je me confesse à Dieu, Tout-Puissant; à la bienheureuse Marie, toujours Vierge, à Saint Michel Archange, à Saint Jean-Baptiste, aux Apôtres Saint Pierre et Saint Paul, à tous les Saints, et à vous, mon Père, parce que j'ai beaucoup péché, par pensées, par paroles et par actions : c'est ma faute, c'est ma faute, c'est ma très grande faute; c'est pourquoi je supplie la bienheureuse Marie, toujours Vierge, Saint Michel Archange, Saint Jean-Baptiste, les Apôtres Saint Pierre et Saint Paul, tous les Saints, et vous, mon Père, de prier pour moi le Seigneur, notre Dieu.

Acte d'Offrande.

Mon Dieu, voilà ce cœur qui, par votre grâce, a conçu de saintes résolutions; je vous les présente, afin que vous les bénissiez et que je les accomplisse pour votre plus grande gloire. Faites-moi la grâce de connaître votre sainte volonté, et disposez entièrement de la mienne. Je vous offre mes pensées, mes paroles et mes actions. Oui, mon Sauveur, je proteste d'employer tout ce que je puis à votre service; tout est à vous, tout vient de vous, et je mets tout sous votre sainte et adorable providence ; je vous demande seulement votre amour, et la grâce de plutôt mourir que de vous offenser mortellement.

Oraison de la Sainte Vierge.

Très sainte Vierge, priez, s'il vous plaît, notre Seigneur Jésus-Christ pour moi, afin que toutes mes pensées, paroles et actions de ce jour, et de toute ma vie, lui soient agréables.

Oraison à son bon Ange.

Mon bon Ange, continuez, s'il vous plaît, vos charitables soins: inspirez-moi la volonté de Dieu en toutes les œuvres de cette journée, et me conduisez dans le sentier qui mène à la vie éternelle.

Les Commandements de Dieu.

Un seul Dieu tu adoreras
Et aimeras parfaitement.
Dieu en vain tu ne jureras,
Ni autre chose pareillement.
Les dimanches tu garderas,
En servant Dieu dévotement.
Tes père et mère honoreras,
Afin que tu vives longuement.
Homicide point ne seras,
De fait, ni volontairement.
Luxurieux point ne seras,
De corps ni de consentement.
Le bien d'autrui tu ne prendras,
Ni retiendras à ton escient.
Faux témoignage ne diras,
Ni mentiras aucunement.
L'œuvre de chair ne désireras
Qu'en mariage seulement.
Biens d'autrui ne convoiteras
Pour les avoir injustement.

Les Commandements de l'Église.

Les Fêtes tu sanctifieras,
Qui te sont de commandement.
Les Dimanches la Messe ouïras,
Et les Fêtes pareillement.
Tous tes péchés confesseras,
A tout le moins une fois l'an.
Ton Créateur tu recevras
Au moins à Pâques humblement.
Quatre-temps, Vigiles jeûneras,
Et le Carême entièrement.
Vendredi chair ne mangeras,
Ni le Samedi mêmement.

PRIÈRE

POUR LE PRÉSIDENT D'HAÏTI.

Domine salvum fac Præsidem nostrum, JOANNEM-PETRUM, et exaudi nos in die quâ invocaverimus te.

Gloria Patri, et Filio, et Spiritui Sancto.

Sicut erat in principio, et nunc et semper et in sæcula sæculorum. Amen.

Seigneur, conservez notre Président, Jean-Pierre, et exaucez-nous le jour que nous vous aurons invoqué.

Gloire soit au Père, au Fils et au Saint-Esprit.

A présent, et après, comme dès le commencement, et dans les siècles des siècles.

Ainsi soit-il.

PETIT ABRÉGÉ

DE MORALE.

Le premier bien de l'homme est la vie; son premier devoir est la reconnaissance envers l'auteur de ce bienfait.

Si les hommes ne peuvent arracher de leur cœur le sentiment de la divinité, il est bien étonnant qu'il puisse s'en trouver qui aient la criminelle audace de jeter un ridicule sur les sentiments religieux, ces sentiments qui font de l'homme un être si noble. Le philosophe qui combat le monstre du fanatisme, en le rendant ridicule, rend un grand service à l'humanité; il ramène l'homme à la raison et à la divinité; mais celui qui affecte de mépriser ce qu'il y a de plus sacré pour les hommes, est un être odieux, né pour le malheur du genre humain. Quel sujet donne donc tant de jactance à cet être faible ? Que dirait-il si une fourmi s'avisait d'insulter l'homme ? Ne rirait-il pas de l'orgueil pitoyable de cet insecte ? Insensé ! Qu'es-tu auprès de la Divinité ? Qu'est-ce que l'univers même auprès de cette Divinité qui le gouverne ? Et qu'est-ce que la terre en comparaison de cet univers ? Qu'es-tu toi-même, sur cette terre ? Si tu es perdu dans l'immensité incompréhensible, il te convient bien de trouver ridicule celui qui a mis sa confiance dans l'Être qui est au-dessus de tout, et dont la volonté crée, anime et meut les mondes!

Du Culte.

L'homme de bien se plaît à entretenir dans sa famille les sentiments religieux dont son cœur est rempli; il sait qu'une religion éclairée est une source inépuisable de vertus, et il la place de bonne heure dans le cœur de ses enfants.

J'ai joui quelquefois du spectacle intéressant qu'offre l'intérieur de la maison du Juste; j'ai vu l'ordre qui régnait dans son cœur : l'époux sacrifiait tout à une probité sévère, l'épouse était douce, les enfants étaient dociles, aimables, et tous étaient heureux.

L'hommage rendu le soir en commun à l'Être-Suprême, rendait paisible le calme de la nuit; l'hommage rendu le matin jetait des charmes sur toute la durée du jour.

Des Récompenses et des Peines d'une autre vie.

Dieu est juste, et l'âme survit au corps; il est juste, et c'est à son tribunal qu'il attend le méchant.

Pour me convaincre que Dieu me récompensera ou me punira selon mes œuvres, je n'ai besoin que de remarquer la joie que me donne la vertu, et les remords que me laisse le crime. Pour me convaincre du contraire, prouvez-moi que cette joie n'est qu'une illusion, ces remords des chimères; prouvez-moi qu'il est égal pour moi de tendre la main à l'infortuné ou de lui plonger un poignard dans le sein. Si mon cœur déteste le crime, pourquoi me rendrait-il coupable? Et s'il rend coupable, Dieu, qui est souverainement juste, pourrait-il se dispenser de le punir? Quoi! je verrai l'affreux Caligula jouir du prix que mérita Aristide par ses vertus! L'anéantissement serait moins terrible que cette choquante dissonnance.

Mais l'amour de la vertu et les remords du crime ne nous sont peut-être donnés que pour maintenir l'ordre dans le monde et nous empêcher de nous déchirer comme des bêtes féroces? Vil sophiste! Si Dieu ne t'eût fait bon que pour être heureux sur la terre, t'eût-il donné le pouvoir d'être méchant? Il t'a fait bon pour faire le bien, et t'a rendu capable de méchanceté pour mériter d'être vertueux.

C'est en vain qu'on veut s'abuser par des sophismes; quand on rentre en soi-même, toutes les illusions s'évanouissent, et il ne nous reste que la conscience qui ne nous flatte jamais; elle nous fait aimer tout ce qui est bien, et haïr tout ce qui est mal; souvent les préjugés contrefont sa voix, mais jamais ils ne l'étouffent. Si cet amour du bien et cette haine du mal est en nous, il serait bien étonnant qu'après nous avoir donné un si noble enthousiasme pour la vertu, il traitât le scélérat comme l'homme vertueux : non, il est impossible de croire une aussi grande absurdité.

L'être qui a établi un ordre si

admirable, depuis l'univers entier jusqu'aux plus imperceptibles animacules, ne peut avoir été inconséquent sur le reste. Aux yeux de tout homme sage, la vie n'est qu'une épreuve, une lice où l'homme combat pour le prix de la vertu. On ne peut raisonnablement avoir une autre croyance, quand on s'aperçoit qu'on a la liberté de faire le bien ou le mal, et qu'on est forcé d'estimer la vertu.

Des Funérailles.

Dans tous les pays elles ont été un objet religieux, et c'est naturellement une suite de l'idée de l'immortalité de l'âme. Ceux qui ont regardé le respect que l'on a pour un corps privé de vie, comme un préjugé, ont pu avoir raison, mais jamais je ne penserai comme eux. Quand on me prouvera qu'un bon fils peut voir avec la même indifférence le corps de son père abandonné aux bêtes carnassières, ou soigneusement inhumé, je serai de leur avis. Un corps privé de vie rappelle toujours qu'une âme raisonnable y a fait sa demeure. Faut-il donc avoir des préjugés pour respecter l'enveloppe mortelle d'une essence immortelle!

La Paresse.

La Paresse est le plus grand défaut que l'on puisse avoir. La Paresse nous porte à tous les excès : elle nous rend l'ennemi de nous-mêmes et finit tellement par nous abrutir, que les bêtes de somme sont plus estimées que les personnes entachées de ce défaut; en un mot, la Paresse est la rouille de l'esprit et la mère de tous les vices.

Le Travail.

Quelle différence du Travail à la Paresse : le Travail est la source de toute prospérité ; c'est par son Travail que le père de famille procure à ses enfants les secours que nécessitent leurs besoins journaliers ; c'est par son Travail qu'il se trouve à même de payer à son Gouvernement les impôts nécessaires pour salarier les défenseurs de la Patrie et ses différents employés ; c'est aussi par lui qu'il laisse à sa famille, au moment où il s'en sépare pour toujours, le souvenir que sa vie n'a pas été celle de l'homme oisif; aussi, combien ses derniers moments doivent lui être doux : il a la certitude qu'après sa mort sa mémoire sera en vénération, et qu'elle n'éprouvera pas, comme celle du paresseux, le triste souvenir de son indifférence.

MORALE EN ACTION.

Cé-sar Au-gus-te ve-nait de rem-por-ter u-ne vic-toi-re cé-lè-bre. Du nom-bre des pri-son-niers é-tait un cer-tain Mé-tel-lus, son plus cru-el en-ne-mi. *Cé-sar Au-gus-te* ne l'eut pas plu-tôt re-con-nu, qu'il le con-dam-na à mou-rir. Mais le fils de Mé-tel-lus, qui s'é-tait si-gna-lé dans la ba-tail-le que *Cé-sar* a-vait rem-por-tée, cou-rut se je-ter dans les bras de son père, l'ar-ro-sa de ses lar-mes, et se tour-na vers *Cé-sar* : « Sei-gneur, lui dit-il, mon pè-re a é-té vo-tre en-ne-mi; com-me tel, il mé-ri-te la mort; mais je vous ai ser-vi fi-dè-le-ment, et je mé-ri-te u-ne ré-com-pen-se. Pour prix de mes ser-vi-ces, ac-cor-dez la vie à mon pè-re, et fai-tes-moi mou-rir à sa pla-ce. » *Cé-sar*, vi-ve-ment tou-ché de ce dis-cours du jeu-ne Mé-tel-lus, par-don-na au pè-re en fa-veur du fils.

Un hom-me a-vait un fils d'un ca-rac-tè-re fort ai-ma-ble; il é-tait doux, hon-nê-te, mais il fré-quen-tait mal-heu-reu-se-ment des a-mis dont l'ex-em-ple et les dis-cours au-raient pu cor-rom-pre son cœur. Le pè-re ne pou-vait l'en-ga-ger à fuir ces mau-vai-ses com-pa-gnies. Que fait-il donc? Un jour, pen-dant l'ab-sen-ce de son fils, il rem-plit un pa-ni-er de bel-les o-ran-ges, mais il a soin d'en mê-ler deux ou trois qui é-taient gâ-tées. Quand le jeu-ne hom-me est de re-tour, il lui re-met ce pa-ni-er en-tre les mains. « Qu'a-vez-vous fait, mon pè-re? il y a dans ce pa-ni-er des fruits gâ-tés qui cor-rom-pront les au-tres. « Ne crai-gnez ri-en, mon fils, répond le pè-re, les bons ne se gâ-te-ront pas : au res-te, es-say-ons. » Aus-si-tôt il prend le pa-ni-er et le ser-re. Quelques jours a-près, l'en-fant de-man-de à voir les fruits, le pè-re les lui don-ne, mais, hé-las! il ne voit dans le pa-ni-er qu'un a-mas de pour-ri-tu-re. « Eh bi-en! mon pè-re, dit-il en mur-mu-rant, j'a-vais pré-vu ce mal-heur, mais vous n'a-vez pas vou-lu me croire. » A-lors le pè-re lui dit ten-dre-ment. « Vous mê-me, mon fils, vous ne me cro-yez pas, lors-que je vous re-pré-sen-te que les mau-vais a-mis que vous fré-quen-tez, gâ-te-ront vo-tre cœur. Vous pleu-rez la perte de ces fruits, mais je se-rais bien plus af-fli-gé, si j'a-vais à pleurer la per-te de vo-tre in-no-cen-ce. » L'en-fant com-prit le mys-tè-re ; et le sou-ve-nir de cet ac-ci-dent lui fit re-non-cer pour tou-jours à la so-ci-é-té des li-ber-tins.

L'AGNEAU.

HISTORIETTE.

La petite Fanchonnette, fille d'un pauvre paysan, était assise un matin au bord d'une grande route, tenant sur ses genoux une écuelle de lait, dans laquelle elle trempait, pour son déjeûner, des mouillettes coupées dans un gros morceau de pain noir.

Dans le même temps il passait sur le chemin un voiturier qui portait dans sa charrette une vingtaine d'agneaux vivants qu'il allait vendre au marché. Ces pauvres animaux, entassés les uns sur les autres, les pieds garottés et la tête pendante, remplissaient l'air de bêlements plaintifs, qui perçaient le cœur de Fanchonnette, mais auxquels le voiturier ne prêtait qu'une oreille impitoyable. Lorsqu'il fut arrivé devant la petite paysanne, il jeta à ses pieds un agneau qu'il portait en travers sur son épaule. « Tiens, mon enfant, dit-il, voilà une maudite bête qui vient de mourir et de m'appauvrir d'un écu. Prends-la si tu veux, pour en faire une fricassée. »

Fanchonnette interrompit son déjeûner, posa son écuelle et son pain à terre, ramassa l'agneau, se mit à le regarder d'un air de pitié. « Mais, dit-elle aussitôt, pourquoi te plaindrais-je ? Aujourd'hui ou demain on t'aurait passé un grand couteau dans le cou, au lieu que tu n'as plus à craindre de souffrir. » Tandis qu'elle parlait ainsi, l'agneau réchauffé par la chaleur de ses bras ouvrit un peu les yeux, fit un léger mouvement, et poussa un *bréé* languissant, comme s'il criait après sa mère.

Il serait difficile d'exprimer la joie que ressentit la petite fille. Elle enveloppe l'agneau dans son tablier, relève encore par dessus son cotillon de futaine, baisse son sein sur ses genoux pour le réchauffer davantage, et lui souffle, de toute son haleine, dans ses narrines et sur le museau. Elle sentit la pauvre bête s'agiter peu à peu, et son propre cœur tressaillit à chacun de ses mouvements. Encouragée par ce premier succès, elle broie quelques miettes entre ses mains, les jette dans l'écuelle, puis les ramassant du bout des doigts, parvient avec assez de peine, à les lui faire glisser entre les dents, qu'il tenait étroitement serrées. L'agneau, qui ne mourrait que de besoin, se sentit un peu fortifié par cette nourriture. Il commença à étendre ses jambes, à secouer sa tête, à frétiller de sa queue et à redresser ses oreilles. Bientôt il eut la force de se tenir sur ses pieds. Puis il alla de lui-même boire à l'écuelle le déjeûner de la petite Fanchonnette, qui le voyait faire en souriant. Enfin, un quart-d'heure ne s'était pas écoulé qu'il avait déjà fait mille cabrioles. Fanchonnette, transportée de joie, le prit entre ses bras, courut à sa maison, et le présenta à sa mère. Bébé, c'est ainsi qu'elle l'appelait, devint, dès ce moment l'objet de tous ses soins. Elle partageait avec lui le pain qu'on lui donnait pour ses repas ; elle ne l'aurait pas troqué, lui tout seul, contre le plus grand troupeau du village. Bébé fut si reconnaissant de son amitié, qu'il ne la quittait jamais d'un seul pas. Il venait manger dans sa main ; il bondissait autour d'elle ; et, lorsqu'elle était obligée de sortir sans lui, il poussait les bêlements les plus plaintifs. Dieu, qui voulait payer Fanchonnette de sa bonté, ne s'en tint pas à cette récompense. Bébé produisit de petits agneaux, qui en produisirent d'autres à leur tour ; en sorte que peu d'années après, Fanchonnette eut un joli troupeau, qui nourrit de son lait toute la famille, et leur fournit, de sa laine, les meilleurs vêtements.

LE NID D'OISEAUX.

HISTORIETTE.

La bonté doit s'étendre à tous les êtres vivants.

Pauline, Adèle et Lucie, en se promenant dans un bocage, aperçurent un nid d'oiseaux.

On devine aisément les transports de leur joie ; elles s'approchent d'un pas tremblant et timide, elles écartent soigneusement les branches qui défendent l'entrée du nid, elles s'en emparent et l'apportent à leur mère.

Qu'avez-vous fait, mes enfants, leur dit-elle ; comment

LE LION ET LE RAT.

Un Lion dormait à l'ombre d'un arbre. Un Rat monta étourdiment sur son corps et le réveilla. Le Lion l'avait attrapé; le pauvre malheureux avoua d'abord son imprudence et lui demanda pardon.

Le Roi des animaux ne voulut point se déshonorer en le tuant, mais il lui donna la vie et le laissa aller. Ce bienfait ne fut point perdu. Quelque temps après, le Lion tomba dans des filets, et ne pouvant s'en débarrasser, il remplit la forêt de ses rugissements. Le Rat accourut : reconnaissant son bienfaiteur, il se mit à ronger les mailles des filets, et l'en délivra.

Ne punissez pas une petite faute, quoique vous le puissiez : votre clémence vous attachera celui à qui vous aurez pardonné.

UNE FEMME ET SA POULE.

Une Femme avait une poule qui lui pondait chaque jour un œuf. Elle s'imaginait que si elle nourrissait mieux sa poule et l'engraissait davantage, elle lui pondrait tous les jours pour le moins deux ou trois œufs.

Mais il arriva que la poule devint trop grasse et cessa entièrement de pondre.

Ceux qui veulent trop gagner, se ruinent par les fausses mesures qu'ils prennent pour s'enrichir.

LA CIGALE ET LA FOURMI.

La Cigale ayant chanté
    Tout l'Eté,
Se trouva fort dépourvue
Quand la bise fut venue :
Pas un seul petit morceau
De mousse ou de vermisseau.
Elle alla crier famine
Chez la fourmi sa voisine,
La priant de lui prêter
Quelque grain pour subsister
Jusqu'à la saison nouvelle.
« Je vous paierai, lui dit-elle,
» Avant l'août, foi d'animal,
» Intérêt et principal. »
La fourmi n'est point prêteuse :
C'est là son moindre défaut.
« Que faisiez-vous au temps chaud ? »
Dit-elle à cette emprunteuse.
— « Nuit et jour, à tout venant,
» Je chantais, ne vous déplaise. »
— Vous chantiez ! j'en suis fort aise.
« Eh bien, dansez maintenant. »

PRÉCIS

Historique et Chronologique des faits les plus remarquables d'Haïti.

Haïti est le nom primitif de cette île. Elle fut ainsi appelée par les aborigènes ou naturels du pays, à cause des mornes et des bois qui la couvrent : Haïti signifie, en langue caraïbe, terre boisée et montagneuse.

Christophe Colomb, jeune pilote italien, né à Gênes en 1442, la découvrit à 10 heures du soir, à la lueur de la lumière d'une cabane de pêcheurs : un dimanche, 6 décembre 1492, il mit pied à terre.

Cette île forme un continent de près de 175 lieues de long, de 32 dans sa moyenne largeur, et de 600 de circonférence, en y comprenant les circuits des anses. Christophe Colomb lui donna le nom d'*Hispagnola*, auquel les Français substituèrent celui de *Saint-Domingue*. On l'a aussi surnommée *la Reine des Antilles*, parce qu'elle est la plus riche et, après Cubes, la plus grande de l'archipel américain. Elle est divisée en cinq Gouvernements, dont la population s'élevait environ à trois millions. Les insulaires ou caraïbes avaient le teint basané, les cheveux longs et noirs. Sobres, mais insouciants, ils vivaient entre eux sans ambition et en bonne intelligence, préférant les douceurs du repos aux soucis cuisants de l'avarice et aux soins d'exploiter des mines d'or qu'ils foulaient aux pieds, en regardant ce métal comme inutile au bonheur de l'existence.

Leurs plaisirs étaient la danse au son du tambour, la pêche, la chasse ; leur occupation, la culture simple et facile du maïs.

Ils mangeaient en paix et sans envie, à la porte de leurs cabanes, un maïs boucané, en jouissant du calme de leur innocence.

Leurs caciques où chefs jugeaient les différends qui survenaient entre eux au sujet de la pêche ; car c'était le seul motif de leurs altercations. Si le litige n'était point appaisé, les deux parties réunissaient leurs parents. leurs amis, et, armés de massues, de javelots et de flèches, qu'ils lançaient très-adroitement, ils se mettaient en présence, et la victoire décidait du droit de chacun. Le vol était puni de mort et regardé comme le vice le plus contraire à la société.

Telle était la simplicité de ces insulaires jusqu'à l'arrivée des Espagnols, qui, après les avoir démoralisés, leur firent la guerre et en exterminèrent entièrement la race.

Les premiers historiens d'Haïti rapportent à ce sujet une anecdote fort extraordinaire. Des Indiens dignes de foi, racontèrent à Christophe Colomb que le père du cacique Quarrionex, voulant pénétrer dans l'avenir et savoir la destinée de l'île après sa mort, consulta les *Zémès*, ou Dieux du pays, après un jeûne préparatoire. L'Oracle répondit à son grand étonnement « que dans peu on verrait aborder des hommes nouveaux qui, ayant de grands poils au menton, auraient le corps revêtu des pieds à la tête ; qu'à leur arrivée les Zémès, mis en pièces, verraient leur culte aboli ; que ces guerriers formidables porteraient à leur ceinture de longues armes en fer, avec lesquelles, fendant un homme en deux, ils dépeupleraient le pays de ses habitants. »

On ajoute, disent les auteurs historiques, que cette prédiction frappa de terreur tous les assistants, et fut bientôt publique et universelle. C'était la nouvelle du jour, et elle faisait le sujet des chansons religieuses, chantées dans les jours de deuil et dans les cérémonies lugubres.

Les Espagnols, maîtres du pays, inventèrent, pour le repeupler, l'infâme trafic de la traite sur les côtes d'Afrique.

Cependant ils eurent à lutter contre une bande d'aventuriers anglais et français, sortis de l'île de Saint-Christophe, et qui s'étaient emparés de la côte du nord de l'île. Cette association, connue d'abord sous le nom de *boucaniers*, parce qu'après leur chasse ils s'occupaient à boucaner ou à faire sécher à la fumée la chair des bœufs qu'ils avaient tués, fut nommée aussi *Flibustiers*, du mot anglais *Free-Booter* ou *Forban*, c'est-à-dire, tout homme qui ne fait la guerre que pour piller.

Deux siècles de troubles et de divisions s'écoulèrent dans des guerres cruelles, lorsqu'en 1776 les Espagnols établis à l'est de l'île, et les Français à l'ouest et au sud, fixèrent les limites et leurs possessions respectives.

Cette division dura jusqu'au traité de Bâle, du 24 juillet 1795, par lequel l'Espagne céda à la France la portion qu'elle retenait sous sa domination. Une révolution, fomentée par les idées libérales, éclata en Europe, et éclaira les différents peuples du globe.

Les indigènes de l'île d'Haïti, longtemps comprimés sous le joug des colons, se levèrent au cri de liberté et réclamèrent leurs droits.

Une lutte sanglante s'engagea entre eux et les Français qui succombèrent, et perdirent à jamais leur puissance sur cette île.

Haïti, respirant enfin après de si longues agitations, proclama son indépendance le 1er janvier 1804.

Elevé au premier rang, Dessalines usurpa le titre d'Empereur, publia une constitution le 20 mai 1805, mais son trône fut aussitôt détruit qu'érigé ; le peuple avait récompensé en lui les services du citoyen, il punit en lui le tyran : cet événement arriva le 17 octobre 1806.

Mûrie par cette leçon d'expérience, Haïti, régénérée, sentit le besoin d'un gouvernement qui offrit désormais une garantie, et la République fut créée. Cependant elle eut encore des guerres intestines à soutenir. Henri Christophe, qui commandait au nord, déploya l'étendart de la rébellion, et prit le titre de *Roi*. Après avoir fait gémir ses concitoyens pendant quatorze ans, sous une verge de fer et de sang, il expia ses crimes en se suicidant le 8 octobre 1820. Gomand, l'un des partisans de Christophe, entretenait aussi une bande de révoltés dans les hauteurs du quartier de la Grande-Anse, mais elle avait déjà été détruite l'année précédente.

La constitution républicaine a été proclamée le 27 décembre 1806 ; elle a été revisée le 2 juin 1816.

Un Sénat et une Chambre des Représentants des communes sont chargés de la confection des lois.

Le pouvoir exécutif a été délégué à un magistrat, qui prend le titre modeste de *Président*.

ALEXANDRE PETION fut élu quatre fois à cette charge, et mourut, emportant les regrets de ses concitoyens, le 29 mars 1818. Fondateur de la République, *il ne fit couler des larmes qu'à sa mort*. Le peuple lui décerna le titre de *Père de la patrie*. Son tombeau a été élevé, au Port-au-Prince, sur la place qui porte son nom.

Le Président JEAN-PIERRE BOYER se montre aujourd'hui son digne successeur. C'est à ses soins et à son infatigable activité qu'on doit la pacification de la Grande-Anse et du Nord. La république lui doit aussi la réunion de la partie orientale de l'île (ci-devant espagnole), qui, en décembre 1821, se rallia à la famille haïtienne, dont elle avait été séparée par les circonstances de la guerre.

Toutes les parties de l'île reconnaissent aujourd'hui un même gouvernement. Sous le gouvernement *sage et modéré* du Président Boyer, la ville PETION se bâtit à la *Coupe* par une décision du 10 juin et une loi du 23 décembre 1831.

Le territoire de la République, qui comprend Haïti et ses îles adjacentes, est divisé en départements, arrondissements, communes et paroisses. Indépendamment des commandants militaires, il y a dans chaque commune une justice de paix, et un tribunal civil au chef-lieu de chaque arrondissement. Un tribunal de cassation est en outre établi pour toute la République : il siége au Port-au-Prince, qui en est la capitale.

Les îles adjacentes d'Haïti sont la Tortue, la Gonave, les Cayemites, l'Ile de la Vache, Altavela, la Saône, la Beata et Sainte-Catherine.

Divers palais nationaux embellissent les villes. Le principal est au Port-au-Prince et fait la demeure ordinaire du Président. Il y a aussi un hôtel des monnaies, une chambre des comptes, un lycée national, et plusieurs écoles secondaires. Santo-Domingo, la plus ancienne ville du Nouveau-Monde, est érigée en archevêché ; elle possède une université dans laquelle on enseigne le droit canon, le droit civil, la médecine, la philosophie, la théologie morale, etc. On exploite dans les différentes parties de l'île, des guildives, des briqueteries, des tuileries, des poteries, des tanneries et des fours à chaux ; il y a aussi une foule d'autres établissements pour l'utilité publique : des imprimeries, dont une seule est particulière.

On essaie en ce moment d'établir un séminaire dans la ville Pétion.

Située entre le 47e degré 42 m. et le 19e degré 56 m. de latitude sept. et entre le 71e et le 76e degré 54 m. de longitude occ. ; placée au centre de l'Archipel des Antilles et baignée par l'Océan Atlantique, l'île d'Haïti semble destinée à devenir un jour l'entrepôt des richesses des deux mondes. Elle offre une variété surprenante de climats. Un nombre prodigieux de rivières l'arrosent en différents sens. Les principales sont l'*Ozama*, la *Neyva*, le *Macoris*, l'*Usaque* ou la rivière de *Monte-Christi*, l'*Yuna*, et l'*Artibonite*, qui est la plus étendue et la plus large de toutes. Ses principales productions sont le café, la canne à sucre, le cacao, l'indigo, le coton, le tabac, etc. Elle renferme des mines d'or et d'argent, qu'on a cessé d'exploiter ; des mines de fer, d'aimant et de cuivre. Elle produit, sans culture, des bois précieux qui font une grande partie de son commerce, tels que le gayac, le campêche, l'acajou, etc.

CHRONOLOGIE.

1492. — 5 *Décembre*. Christophe Colomb découvre l'île d'Haïti ; il y prend terre le lendemain, sur un cap auquel il donne le nom de Saint-Nicolas, en l'honneur du Saint dont ce jour était la fête.

1494. — Fondation de la ville d'Isabelle, appelée depuis Santo-Domingo, sur la rive gauche de l'Ozama. Un ouragan l'ayant détruite en 1504, le gouverneur Ovando la fit reconstruire sur la rive droite du même fleuve.

1495. — Les indigènes, poussés au désespoir par les vexations et les cruautés des Espagnols, se soulèvent : cent mille de leurs combattants se présentent, au mois de mars, dans la plaine de Véga-Réal ; ils y sont défaits par 200 fantassins et 20 cavaliers espagnols !... La soumission entière de l'île est le fruit de cette victoire.

1505. — 20 *Mai*. Christophe Colomb meurt dans la disgrace à Valladolid, en Espagne ; sa mort est suivie de l'esclavage et de la destruction progressive de la population indigène d'Haïti.

1506. — Plantation de la canne à sucre, apportée des Canaries, et venue originairement des Indes Orientales.

1507. — Il ne reste plus, dans toute l'île, que 60,000 indigènes des 3,000,000 qui s'y trouvaient au moment de la découverte. On essaie de la repeupler en y transportant des sauvages des îles Lucayes. Cet expédient n'ayant pas réussi, on a recours à la traite des Africains.

1538. — Henri, cacique haïtien, après avoir résisté pendant treize années, à la tête de quelques mécontents, aux forces des Espagnols, dans les montagnes de Baoruco, négocie avec l'envoyé du roi d'Espagne Barrio-Nuevo; on lui abandonne, pour résider avec tous ceux de sa nation qui veulent le suivre, le canton Boya, où lui et ses descendants jouiront long-temps de grands privilèges et de l'exemption de tout tribut.

1586. — La ville de Santo-Domingo pillée et incendiée par les Anglais, sous les ordres de l'amiral Francis Drake.

1640. — Des aventuriers français et anglais, chassés de l'île St.-Christophe, abordent sur la côte nord d'Haïti, et inquiétent les Espagnols dans la possession de leur colonie. Connus d'abord sous le nom de *Boucaniers*, ils le quittent pour celui de *Flibustiers*, sous lequel ils étonnèrent dans la suite le monde par leur audace et leur férocité. L'île de la Tortue devient le quartier-général, ou plutôt le repaire de ces flibustiers. Telle fut l'origine des établissements français à St.-Domingue.

1665. — Les possessions françaises concédées par le gouvernement à la compagnie des Indes Occidentales. Bertrand d'Ogéron, premier gouverneur pour cette compagnie. La colonie naissante s'étend et prospère sous son administration.

1666. — Il y naturalise du Cacao.

1685. — Etablissement d'un conseil supérieur de justice au Petit-Goâve, et de siéges particuliers au Petit Goâne, à Léogane, au Port-de-Paix et au Cap-Français.

1687. — Le traité de paix de Riswick met fin aux hostilités entre les Espagnols et les Français, et confirme ceux-ci dans la possession de la partie de l'ouest et du sud de l'île.

1712. — Troubles survenus dans la partie française, à l'occasion des droits et des prétentions de la compagnie des Indes Occidentales; ils se prolongent jusqu'en 1724.

1727. — M. Déclieux transporte un pied de cafier à la Martinique, d'où la culture de cette plante se répand à Saint-Domingue et dans toutes les îles voisines.

1770. — 10 *Juin*. Tremblement de terre qui détruit de fond en comble la ville du Port-au-Prince.

1776. — Traité fixant les limites entre la partie française et la partie espagnole.

1789. — Espérance d'émancipation qui fait naître la connaissance des événements en France. Les députés de la Colonie sont admis dans l'assemblée nationale le 17 juin.

1790. — *Avril*. Réunion d'une assemblée coloniale à S.-Marc; les troupes envoyées par le gouvernement pour la dissoudre sont repoussées; elle s'embarque volontairement pour la France, le 8 août.

1790. — 13 *Octobre*. JACQUES OGÉ revient de France; quelques indigènes se réunissent à lui pour réclamer l'exécution du décret de l'assemblée nationale du mois de mars précédent, sur la jouissance des droits civils et politiques; leur troupe se cantonne à la Grande-Rivière. Des forces sont envoyées contre eux par le gouvernement et les dispersent. Ogé et ses deux frères, réfugiés dans la partie de l'est, sont livrés par les Espagnols, et sacrifiés le 18 février 1791.

1791. — 23 *août.* Une seconde assemblée coloniale se réunit au Cap, sans la participation du gouvernement; insurrection générale dans le nord, qui se propage rapidement dans l'ouest et dans le sud.

1792. — 17 *Septembre.* Arrivée au Cap des commissaires français Sonthonax, Polvérel et Aïlhaud.

1793. — 28 *Janvier.* Les Espagnols prennent possession du Fort-Dauphin.

— 5 *Février.* Décret portant l'abolition de l'esclavage dans les colonies françaises.

— 20 *Juin.* Galbeau, ex-gouverneur, destitué par les commissaires, marche contre eux avec ses frères et un grand nombre de mécontents; la ville du Cap est incendiée.

— 31 *Août.* Sonthonax proclame la liberté générale au Cap.

1793. — 19 *Septembre.* Les Anglais occupent Jérémie et successivement le Môle, St.-Marc, l'Arcahaye, Léogane, etc.

1794. — 5 *Juin.* Évacuation des commissaires Polvérel et Sonthonax; entrée des Anglais au Port-au-Prince.

1795. — 12 *Juillet.* Traité de Bâle, qui cède aux Français la partie espagnole de Saint-Domingue.

1798. — 21 *Avril.* Hédouville au Cap; ses démêlés avec le général Toussaint-Louverture. Il part pour la France au mois d'octobre, et est remplacé par le commissaire Roume de St. Laurent.

1798. — 8 *Mai.* Evacuation, par les Anglais, des quartiers de l'ouest et successivement de tous les points de l'île qu'ils avaient occupés.

— Division entre les généraux Toussaint-Louverture et Rigaud, et commencement de la guerre civile.

1801. — 27 *Janvier*. Entrée du général Toussaint-Louverture à Santo-Domingo, et prise de possession de la partie de l'est au nom de la République française.

— Constitution qui confère à ce général le gouvernement général, à vie, de la colonie.

1802. — 3 *Février*. Escadre de Leclerc devant le Port-au-Prince.

— 5 *Février*. Les Français débarquent au Cap ; second incendie de cette ville.

—3 *Mars*. Défense héroïque du poste de la *Crête-à-Pierrot*, par l'armée indigène, sous les ordres du général Dessalines.

1803. — 10 *Octobre*. Expulsion des Français du Port-au-Prince, et, peu après, de tous les points de la partie dite Française.

1804. — 1er *Janvier*. Proclamation de l'indépendance d'Haïti; Dessalines gouverneur-général à vie.

—8 *Octobre*. Dessalines empereur, sous le nom de *Jacques* 1er.

1806. — 17 *Octobre*. Sa mort, comme tyran.

— 27 *Décembre*. — Constitution de la République d'Haïti ; scission de la partie du nord, entraînée par le général Christophe.

1807. — 1er *Janvier*. Combat de Sibert et siège du Port-au-Prince par Christophe.

— 9 *Mars*. Election d'ALEXANDRE PÉTION à la présidence d'Haïti.

1808. — 10 *Novembre*. Défaite des Français à Palo-Hincado ; mort du général Ferrand.

— 46 —

1809. — 11 *Juillet*. Expulsion des Français de Santo-Domingo.

1811. — 2 *Juin*. Christophe, chef de la partie du nord, prend le titre du roi d'Haïti, et se fait couronner sous le nom de *Henri* 1er.

1812. — *Mars*. Deuxième siège du Port-au-Prince par Christophe.

1818. — 29 *Mars*. Mort d'ALEXANDRE PÉTION, fondateur et président de la République d'Haïti.

— 30 *Mars*. Election du général BOYER à la présidence.

1819. — Répression de la révolte de Gomand dans les montagnes de la Grande-Anse.

1820. — 8 *Octobre*. Mort violente de Christophe.

— 28 *Octobre*. Entrée des troupes de la République et du président Boyer au Cap-Haïtien, et réunion de la partie du nord à la République.

1822. — 9 *Février*. Entrée pacifique du Président d'Haïti à Santo-Domingo, événement qui complète la réunion du peuple d'Haïti sous le gouvernement républicain.

1825. — 3 *Juillet*. Arrivée au Port-au-Prince de M. le baron de Mackau, capitaine de vaisseau, porteur de l'ordonnance de Sa Majesté le Roi de France, du 17 avril, qui reconnaît l'indépendance pleine et entière du gouvernement d'Haïti.

— 11 *Juillet*. Acceptation et entérinement de cette ordonnance par le Sénat de la République.

En 1835, aucun traité n'existe encore entre les deux pays; l'énorme indemnité de 150 millions de francs, en faveur des anciens colons propriétaires à St.-Domingue est la cause de cet état de choses.

TABLEAU DES CHIFFRES.

ROMAINS.	ARABES.	DÉSIGNATIONS.
I	1	Un
II	2	Deux
III	3	Trois
IV	4	Quatre
V	5	Cinq
VI	6	Six
VII	7	Sept
VIII	8	Huit
IX	9	Neuf
X	10	Dix
XI	11	Onze
XII	12	Douze
XIII	13	Treize
XIV	14	Quatorze
XV	15	Quinze
XVI	16	Seize
XVII	17	Dix-sept
XVIII	18	Dix-huit
XIX	19	Dix-neuf
XX	20	Vingt
XXX	30	Trente
XL	40	Quarante
L	50	Cinquante
LX	60	Soixante
LXX	70	Soixante-dix
LXXX	80	Quatre-vingt
XC	90	Quatre-vingt-dix
C	100	Cent
CC	200	Deux cents
CCC	300	Trois cents
CD	400	Quatre cents
D	500	Cinq cents
M	1000	Mille

www.ingramcontent.com/pod-product-compliance
Lightning Source LLC
Chambersburg PA
CBHW060943050426
42453CB00009B/1114